REINHARD STENGEL

In HARMONIE sein

Im Kreis des Lebens heil werden

W0338155

Schirner Verlag

Die Ratschläge in diesem Buch sind sorgfältig erwogen und geprüft. Sie bieten jedoch keinen Ersatz für kompetenten medizinischen Rat, sondern dienen der Begleitung und der Anregung der Selbstheilungskräfte. Alle Angaben in diesem Buch erfolgen daher ohne Gewährleistung oder Garantie seitens des Autors oder des Verlages. Eine Haftung des Autors bzw. des Verlages und seiner Beauftragten für Personen-, Sach- und Vermögensschäden ist ausgeschlossen.

ISBN 978-3-8434-5125-3

Reinhard Stengel:
In Harmonie sein
Im Kreis des Lebens heil werden
© 2015 Schirner Verlag, Darmstadt

Umschlag: Murat Karaçay, Schirner,
unter Verwendung von # 135349499
(Ethan Daniels), # 191071421 (KreativKolors)
und # 13786666 (Andrea Haase),
www.shutterstock.com
Redaktion & Satz: Bastian Rittinghaus, Schirner
Lektorat: Dirk Grosser
Printed by: Ren Medien GmbH, Germany

www.schirner.com

1. Auflage September 2015

Alle Rechte der Verbreitung, auch durch Funk, Fernsehen
und sonstige Kommunikationsmittel, fotomechanische oder vertonte Wiedergabe
sowie des auszugsweisen Nachdrucks vorbehalten

Inhalt

Vorwort

In Harmonie sein – wer möchte das nicht?!
In den letzten Jahren bin ich unzähligen Zuhörern bei meinen Vorträgen, Teilnehmern bei meinen Seminaren und Einzelklienten in meiner Praxis begegnet. Und wenn ich eine Sache nennen müsste, die sie alle vereint, dann ist es wohl der Wunsch nach Harmonie in ihrem Leben und in der Welt, die sie umgibt. Jeder Mensch möchte sich wohlfühlen, in Frieden leben und ein Gleichgewicht zwischen Entspannung und Anspannung, zwischen Ruhe und Aktion, zwischen Familienleben und sinnvoller Arbeit empfinden. Um es kurz zu fassen: Menschen möchten glücklich sein! Doch leider stehen diesem Glück oft Hindernisse im Weg: Blockaden aus der Kindheit und Jugend, die sich in uns festgesetzt haben, uns immer wieder die gleichen Dinge erleben und in sehr ähnlicher Weise auf sie reagieren lassen. Dadurch fällt es uns meist schwer, in eine wirkliche Balance zu kommen, unser Leben selbst in die Hand zu nehmen und der zu sein, der wir wirklich sein möchten.

Der Seelenschamanismus ist nach meiner persönlichen Erfahrung ein wunderbares Werkzeug, um diese Blockaden aus dem Weg zu räumen. Wir beginnen, unser Innenleben zu erforschen, unser

Unterbewusstsein immer besser kennenzulernen – und setzen hier und dort Impulse, die Lasten von uns nehmen und uns wahrlich befreien. Diese innere Arbeit ist nicht an einem Tag erledigt, auch wenn die ersten Erfolge das oft so scheinen lassen. Vielleicht kannst du dir das wie bei einem Fluss vorstellen, der durch einen Erdrutsch gestaut wurde: Erst werden die dicksten Brocken beiseitegeräumt, damit das Wasser wieder in Bewegung kommen kann. Dann entfernt man etwaige Baumstämme, die sich im Wasser verkeilt haben, und dann kann man auch die kleinen Steine aus dem Weg räumen, die das Wasser unruhig strömen lassen. Letztlich fließt der Fluss wieder klar und rein, bahnt sich unaufhaltsam seinen Weg zum Meer.

Genau so funktioniert es beim Seelenschamanismus! Wir beginnen damit, die offensichtlichsten Blockaden aus dem Weg zu schaffen, indem wir sie uns genau ansehen, sie und ihre Botschaft annehmen, uns dazu entschließen, dass wir sie nicht mehr benötigen (denn manchmal haben Blockaden auch einen Zweck für uns, z. B. Schutz oder die Möglichkeit, dem Leben auszuweichen), um sie dann wie mit einem langen Ausatmen loszulassen.

Wenn wir diese ersten Erfahrungen gemacht haben, spüren wir, wie wir immer leichter werden und wie uns das Leben auch immer leichter gelingt. Dennoch wird hier und dort etwas schwierig sein oder uns Probleme bereiten, im schlimmsten Fall – wenn wir lange Zeit nicht auf unsere Seele gehört haben – uns körperlichen Unpässlichkeiten aussetzen.

Die Tiefe der Seele ist unergründlich, und es gibt viele Dinge, denen wir begegnen können. Erfahrungen, die wir irgendwann gemacht, aber dann verdrängt haben – und das bezieht sich sowohl auf unsere derzeitige Inkarnation als auch auf vergangene Leben, die uns weiterhin in gewisser Weise beeinflussen können.

Aus diesem Grund ist der Seelenschamanismus wie eine Spiralbewegung in die Tiefe. Wir arbeiten uns langsam immer weiter vor, denn genau jetzt, in diesem Leben, in dem wir einen bestimmten Grad an Bewusstheit erlangt haben, können wir diese Arbeit leisten. Diese Gelegenheit sollten wir nutzen!

Wenn du die seelenschamanische Arbeit schon kennengelernt hast, wirst du in diesem Buch vielleicht ein paar Dinge finden, die dir bereits bekannt vorkommen. Sei dir jedoch bewusst, dass du mit der Arbeit, wie sie in diesem Buch vorgestellt wird, eine weitere Runde auf der Spirale machst, die in die Tiefe deiner Seele führt. Gewisse Grundlagen werden wiederholt, jedoch auf eine andere und neue Ebene gebracht. Anderen Themen und Übungen hingegen wirst du hier zum ersten Mal begegnen. Alles zusammengenommen, ergeben die Methoden und Übungen in diesem Buch einen weiteren Schritt, dich selbst kennenzulernen und eventuell vorhandene Blockaden zu beseitigen, um so immer mehr in eine ganz natürliche Harmonie zu kommen, die dein eigentliches Geburtsrecht ist.

Zu diesem Zweck werden wir uns vor allem auf die feinstoffliche Ebene konzentrieren, deren Reinigung sehr viel Heilsames hervorbringen kann. Wir werden uns mit der Aura befassen, um Grundlagen für die weitere Arbeit zu schaffen; wir werden uns mit Kreisarbeit und Energieaufstellung beschäftigen; wir werden unsere Chakren harmonisieren und positive Bilder in unserem Energiesystem abspeichern.

Betrachte dieses Buch als in sich geschlossene Übungsreihe, die dich durch mehrere Erfahrungsebenen hindurchführt, um dir Neues zu erschließen! Folge dem Inhalt des Buches einfach Schritt für Schritt, mache die Übungen in der vorgeschlagenen Reihenfolge (auch wenn du die eine oder andere Übung schon kennst), und lasse dich noch tiefer als bisher auf die seelenschamanische Arbeit ein. Ich bin sicher, dass du dich selbst ganz neu erleben wirst!

Wie immer ist dieses Buch – wie auch alle meine Vorträge – eine Einladung an dich, dein Bewusstsein zu erweitern und die feinstofflichen Aspekte deines Lebens verstärkt wahrzunehmen. Sei einfach ganz offen, vergiss die Zweifel, die dein Verstand vielleicht immer wieder äußert … Vielem von dem, was wir in der seelenschamanischen Arbeit tun, kann man mit dem Verstand nicht oder nur sehr schwer nahekommen. Das meiste geschieht auf einer Gefühlsebene, auf der aber auch die Harmonie wahrgenommen wird, um die es dir und vielen anderen Menschen geht. Diese Harmonie wirst du nur fühlen können – und auch der Weg zu ihr kann nur emotional erfahren und erlebt werden.

Ich wünsche dir, dass du dich einlassen kannst, dass du der Spirale in die Tiefe folgst und dort immer mehr dich selbst entdeckst.

Reinhard Stengel

Die Aura wahrnehmen und reinigen

Jeder Mensch, jede Pflanze, jedes Tier, ja, sogar unser ganzer Planet verfügt über ein elektromagnetisches Energie- oder Schwingungsfeld, eine ätherische Strahlung oder Ausstrahlung, genannt Aura. Wir sind von diesem Feld umgeben, wie die Erde von der Atmosphäre umgeben ist. Ohne diese schützende Schicht wäre Leben auf unserem Planeten nicht möglich – und auch wir bekommen Schwierigkeiten, wenn unsere Aura gestört ist.

Und wie die Atmosphäre unseres Heimatplaneten ist auch unsere energetische Hülle sensibel. Die Erdatmosphäre unterliegt Einflüssen von außen: Die Stärke der Sonneneinstrahlung ist ebenso wie die Umweltverschmutzung ein Faktor, der die Atmosphäre beeinträchtigen kann. Auch unsere »Atmosphäre«, unsere Aura, wird von vielen Dingen beeinflusst: Elektrosmog ist hier ebenso wie offene oder versteckte Feindseligkeit von anderen Menschen zu nennen. Auch die Gedanken anderer Menschen können unsere Aura negativ beeinflussen. Wenn sich z. B. ein anderer Autofahrer über unseren Fahrstil ärgert (ob berechtigt oder nicht), uns einen Vogel zeigt oder uns beschimpft, kommen diese Informationen in unserer Aura an. Man kann sich das wie eine schwache Version eines Fluchs vorstellen, der wie ein Angriff auf unsere schützende Hülle wirkt. Natürlich ist das den meisten Menschen nicht bewusst, doch letztlich ist es ein aggressiver Akt. Auch ein übersteigertes Konkurrenzdenken von Arbeitskollegen kann Spuren hinterlassen, und natürlich auch direkte Auseinandersetzungen mit dem Chef, unserem Partner oder unseren Kindern.

Man kann sich die Aura vielleicht wie einen erweiterten, feinstofflichen Körper vorstellen, mit dem wir in der Welt agieren. Wir fühlen mit ihm weiter in die Welt hinein, als wir das mit unserem physischen Körper vermögen. Jede Energie, der wir begegnen, kommt als Erstes in unserer Aura an.

Vielleicht hast du schon Erfahrung mit dem Fühlen deiner Aura, vielleicht ist dieses Thema auch ganz neu für dich. Es gibt Momente, in denen jeder Mensch seine Aura wahrnimmt, nur ist es manchen eben bewusst und anderen nicht.

Im Bus oder in der Warteschlange im Supermarkt kann es passieren, dass dir andere Menschen zu nahe kommen. Sie berühren dich nicht, doch du hast instinktiv das Gefühl, dass der Abstand nicht ausreichend ist.

In solchen Momenten »berührt« dich das Aurafeld eines anderen Menschen, und du spürst auf subtile Weise seine Energie. Diese Form der Berührung kann sowohl angenehm als auch unangenehm sein – es kommt ganz darauf an, wie sympathisch dir dieser Mensch erscheint.

Vielleicht hast du dich auch schon einmal unvermittelt umgesehen, weil du das Gefühl hattest, beobachtet zu werden. Dieser sogenannte »sechste Sinn« ist ebenfalls eine Auswirkung von Berührungen im Aurafeld.

Auch manche übersinnlichen Fähigkeiten, wie das Spüren von verirrten Seelen, die noch nicht ins Licht gegangen sind, sind auf unsere Aura zurückzuführen. Du siehst also, dass jeder Mensch mehrmals am Tag unbewusst die Aura anderer Menschen wahrnimmt. Ein seltsames Gefühl, eine vage Ahnung, ein Wissen, ohne wirklich zu sehen … All das sind meist Begebenheiten, die sich auf das »Berühren« von verschiedenen Aurafeldern zurückführen lassen.

Wenn man gelernt hat, das Aurafeld genau zu beobachten, sich wirklich auf dieses Feld einzulassen – sowohl bei sich selbst als auch bei anderen Menschen –, kann man unglaublich viel erkennen und viele Einsichten gewinnen.

In meine Praxis kommen z. B. ab und an Menschen, die eine gewisse körperliche Unpässlichkeit haben, deren Ursache aber für die Schulmedizin oft ein Rätsel darstellt. Wenn ich im ersten Gespräch dann danach frage, ob es vielleicht Unstimmigkeiten, alten Zwist oder anderweitige Probleme mit den eigenen Eltern gibt, wird diese Frage oft verneint.

»Nein, nein, da ist alles in bester Ordnung«, höre ich den Klienten sagen. Manchmal sehe ich aber einen Hinweis, der mir direkt durch die Krümmung seiner Finger gegeben wird.* Dann frage ich weiter, da wir im Seelenschamanismus nach der Ursache forschen und nicht nur die Symptome betrachten.

Ich schaue mir ganz genau die Aura an und stelle dann drei Fragen, die der Klient ganz spontan beantworten soll:

- Liebst du deinen Vater?
- Liebst du deine Mutter?
- Liebst du dich selbst?

Auch, wenn ein Klient es schafft, sich unbewusst etwas einzureden und das auch nach außen zu vertreten, ist die Aura absolut unbestechlich. Wird durch die Frage eine bestimmte ungute Erinnerung geweckt oder etwas im Unterbewusstsein angesprochen, was als negativ erlebt, doch verdrängt wurde,

---

* Zu dieser Technik siehe mein Buch »Was Finger verraten«.

fällt die Aura förmlich in sich zusammen. Die Aura ist ein sehr sicherer Anzeiger für die seelische Verfassung. Wenn es etwas gibt, was die Seele in der Vergangenheit verletzt hat, zeigt die Aura das auf sehr direkte Weise. Die Erinnerung an Trauer und Schmerz lässt die Aura zusammensinken und manchmal auch dunkler werden. Bei freudigen Empfindungen blüht die Aura dagegen regelrecht auf wie eine Blume in der Sonne. Der feinstoffliche Bereich ist natürlich ohne entsprechende Übung schwieriger zu erkennen, aber wenn man sich auf dieses Gebiet eingelassen hat, wird man feststellen, dass hier oftmals viel verlässlichere Informationen zu finden sind als im Gespräch.

Es gibt auch eine Möglichkeit der Gegenprüfung, indem du dein Gegenüber zuerst bittest, an den schönsten Urlaub seines Lebens zu denken. Hier wirst du die Aura in ihrer vollen Ausstrahlung erleben können – und kannst dich dann den anderen Fragen widmen.

Zu Beginn deiner Beschäftigung mit dem Seelenschamanismus kannst du auch auf andere Anzeichen deines Gegenübers achten wie eine Veränderung der Gesichtszüge. Auch diese kleinen Bewegungen sind für die meisten Menschen nicht wirklich steuerbar und somit ein verlässlicher Anzeiger. Wenn dir die Aura vertrauter wird, wirst du dich aber zunehmend auf diesen feinstofflichen Bereich konzentrieren wollen, denn hier sind auch sehr feine Schwingungen deutlich abzulesen, die dir sonst nicht auffallen würden.

Der Seelenschamanismus ist eher erfahrungsorientiert. Worum es geht, ist, selbst zu fühlen, sich selbst einzulassen, eigene Erfahrungen zu machen. Um es jetzt also, diesen Ansprüchen genügend, ganz praktisch zu machen, schlage ich dir folgende Übungen vor, mit denen du die Wahrnehmung deiner Aura trainieren kannst. Ja, trainieren … Stelle es dir ruhig so vor wie in einem Fitnessstudio oder bei einem anderen Sport: Je öfter du eine Übung machst, desto mehr gewöhnt sich dein Körper an die Bewegung und kann sie bei jeder Wiederholung einfacher und besser ausführen. Genauso ist es auch im geistigen Bereich: Wenn du gewisse Übungen immer wieder machst, wirst du sicherer. Du fühlst dich besser bei den Übungen, kannst dich schneller einlassen, findest eher Zugang zu deinen eigenen Tiefen und kannst die Ergebnisse (also z. B. die Informationen, die du bekommst) leichter annehmen, ohne dich jedes Mal selbst in Zweifel zu ziehen und dir selbst zu misstrauen.

Bevor wir mit den eigentlichen Wahrnehmungsübungen beginnen, solltest du aber erst einmal ruhig werden und dich in dir selbst zentrieren. Das geht meines Erachtens gut mit einer einfachen Atem-Meditation, die du regelmäßig machen solltest. Versuche einfach, die Meditationsübung in deinen Tagesablauf einzubauen, vielleicht am frühen Morgen, bevor dein Alltag mit seinen Anforderungen dich erwartet.

Wenn du diese Regelmäßigkeit nicht für dich einrichten kannst, solltest du zumindest vor jeder energetischen Übung (also vor den weiteren Übungen, die ich in diesem und in meinen anderen Büchern vorstelle) ein paar Minuten auf deinen Atem achten und zur Ruhe kommen. Glaube mir, dieses Zentrieren in dir selbst wird dir helfen, die anderen Übungen mit klarerem Geist durchzuführen.

Übung 1: Den Geist mithilfe des Atems beruhigen

Nimm dir ein paar Minuten Zeit, setze oder lege dich bequem auf den Boden oder auf ein Meditationskissen (wenn das Wetter es zulässt, machst du diese Übung am besten in der freien Natur), spüre die Erde unter dir, und schließe deine Augen. Werde dir deines Atems bewusst. Achte darauf, wie der Atem kommt, und suche dir einen Punkt, an dem du den Atem besonders gut spüren kannst. Das kann deine Nase sein, deine Kehle oder auch deine Brust oder dein Bauch. Konzentriere dich auf einen Bereich, und spüre dem Atem nach, wie er dich an der Stelle, auf die du dich konzentrierst, berührt. Achte z. B. auf den kühlen Hauch, der in deiner Nase spürbar ist, oder auf das Heben und Senken deiner Brust oder deiner Bauchdecke.

Versuche nicht, den Atem zu beeinflussen, sondern beobachte ihn nur achtsam. Wenn andere Gedanken auftauchen, lasse sie einfach vorbeiziehen. Du musst dich jetzt nicht um sie kümmern, denn so wichtig sind sie nicht. Was jetzt zählt, ist einzig und allein dein Atem.

Mache diese Übung etwa fünf Minuten, und öffne dann langsam deine Augen. Du wirst überrascht sein, was solch eine kleine Übung für Wirkungen zeigen kann.

Nun bist du vorbereitet, um dich auf weitere Wahrnehmungsübungen einzulassen. Die Aura ist tatsächlich spürbar, so wie alle Energie auf die eine oder andere Weise wahrnehmbar ist. Versuche einfach, auf ganz feine Veränderungen in deinem Gefühl zu achten. Nimm diese Veränderungen ernst, so winzig oder unbedeutend sie deinem urteilenden Verstand auch erscheinen mögen. Sie sind real! Ich kann dich nur immer wieder ermuntern, dir selbst zu vertrauen.

Wie oben bereits erwähnt, blüht die Aura bei positiven Erfahrungen auf und fällt bei negativen in sich zusammen. Diese Tatsache kann man sehr gut erspüren!

Übung 2:
Intuitives Fühlen der Aura

Für diese Übung benötigst du einen Partner. Du stellst dich hinter deinen Partner und legst deine rechte Hand an seine Hüfte, denn im Hüftbereich ist die energetische Ausstrahlung am stärksten spürbar.

Deine gedankliche Ausrichtung gilt nun dem Erfühlen der einzelnen Auraschichten. Deine Konzentration, deine Intuition, die Signale aus deinem Unterbewusstsein liegen nun ganz bei der ersten Auraschicht.

Führe nun deinen Arm, der zuvor die Hüfte deines Übungspartners berührt hat, ca. 10 bis 20 Zentimeter weg von dessen Körper. Im selben Moment, in dem sich deine Hand nicht mehr bewegt, bist du am Rand der ersten Auraschicht angelangt. Vertraue darauf, dass deine Hand automatisch durch dein Unterbewusstsein gestoppt wird.

Um deinem Unterbewusstsein eine Bestätigung deiner Intuition zu vermitteln, bewegst du jetzt deine Hand 1 bis 2 Zentimeter zum

Körper hin und wieder von ihm weg. Erfühle den energetischen Widerstand an dieser ersten »Grenze«.

Durch diese Bewegung, dieses Ertasten, lernt dein Unterbewusstsein auf ganz natürliche Weise, wie man die einzelnen Auraschichten unterscheidet.

Gleichzeitig setzt du damit ein Signal für dein Unterbewusstsein und bestätigst ihm, dass das, was es erkannt hat, richtig ist. Auf die gleiche Weise kannst du nun Schicht für Schicht mit der gleichen Methode fortfahren. Erst ertasten, spüren, dann die Hand an der Grenze der jeweiligen Auraschicht hin- und herbewegen, um weiter nachzuspüren.

Wenn du dich mit diesem Teil der Übung einigermaßen sicher fühlst, kannst du – um deine Fähigkeiten und deine Intuition weiter zu trainieren und auszubauen – deinen Partner bitten, an etwas wirklich Schönes zu denken: seinen letzten Urlaub, die Geburt eines Kindes, die Freude, die er vielleicht mit seinem Haustier erlebt ... Spüre dich ein, und bemerke, wie die Aura sich verändert, wie sie sich weitet, strahlender und heller wird.

Das gleiche »Experiment« kannst du auch mit weniger schönen Erinnerungen durchführen. Bitte deinen Partner, an etwas Trauriges zu denken: an den Abschied von einem geliebten Menschen, an eine Krankheit oder Ähnliches. Auch hier wirst du spüren, wie die Aura sich merklich verändert und sich klein macht, dunkler wird, ihr Strahlen kurzzeitig verliert. Probiere es aus! So findest du immer mehr Vertrauen zu deiner eigenen Intuition.

Die eigene Aura zu spüren, ist für viele Menschen schwieriger. Doch auch hier möchte ich dir eine Übung mit auf den Weg geben, die dir helfen kann, dies zu erlernen.

Übung 3: Die eigene Aura erspüren

Zentriere dich in dir selbst, so, wie du es in Übung 1 gelernt hast. Atme, und sei einfach du selbst. Dann fokussiere dich auf einen Punkt etwa zwei Fingerbreit unter deinem Nabel. Spüre, wie deine Bauchdecke sich bei je-

dem Atemzug hebt und senkt. Bleibe mit deiner Aufmerksamkeit bei diesem Punkt. Dann stehe auf, und gehe umher – entweder in dem Zimmer, in dem du dich befindest, oder noch besser draußen in einem Park oder in deinem Garten. Fokussiere dich weiter auf den Punkt unterhalb deines Nabels, und spüre, wie Energieschicht um Energieschicht dich zu allen Seiten umgibt. Visualisiere zuerst einen Reifen um deinen Bauch herum, fast wie ein Schwimmreifen, der die Mitte deines Körpers umgibt. Dann weite diese Visualisierung aus: Sieh innerlich und spüre, dass du nicht nur von einem Reifen umgeben bist, sondern dass du gänzlich umschlossen und geborgen bist in einer schützenden Hülle. Wenn du dich jetzt auf einen Gegenstand, einen Menschen oder ein Tier zubewegst, kannst du bestimmt wahrnehmen, dass das Energiefeld deines Gegenübers dich weitaus eher »berührt«, als ihr das körperlich tut. Dieses Gefühl ist deine Aura, die sozusagen an etwas »anstößt«. Gehe auf diese Weise eine Weile umher, mache deine Erfahrungen mit deiner erweiterten Wahrnehmung. Spüre vielleicht auch die Unterschiede, die sich beim »Anstoßen« an ein Gebäude oder eine Parkbank und an ein lebendes Wesen ergeben. Vertraue deinen Gefühlen, und nimm sie kommentarlos an.

Nach diesen Übungen solltest du jetzt ein erstes Gefühl für deine Aura haben. Sie umhüllt und schützt dich auf energetischer Ebene. Gleichzeitig erhältst du durch deine Aura ständig Informationen und gibst auch welche ab.

Dieses Aufnehmen und Abgeben von Informationen ist zunächst einmal völlig wertfrei. Informationen sind einfach Nachrichten, die in deinem Energiefeld auftauchen, sie sind weder besonders schlimm noch besonders toll. Sie sind einfach, was sie sind. Es gibt jedoch auch Informationen, die nicht ganz so neutral sind. Möglicherweise kannst du dir das tatsächlich wie eine Nachrichtensendung vorstellen: Die Meldung, dass es morgen 23 Grad warm werden soll, sich dabei Sonnenschein mit bewölkten Phasen abwechseln wird und ein leichter Wind weht, beeindruckt dich vielleicht wenig. Im besten Fall freust du dich auf einen schönen Tag. Doch wenn der Nachrichtensprecher verkündet, dass ein Meteorit auf die Erde zurast, der in den nächsten 48 Stunden hier einschlagen und alles Leben auf der Erde auslöschen wird, wird dich das schon mehr »packen«.

Auch wenn diese letzte Meldung kompletter Unsinn sein mag und sich als geschmackloser Aprilscherz herausstellt, wirst du eine Schrecksekunde erleben, die eine starke körperliche und seelische Reaktion hervorruft.

Genau so reagiert dein energetisches System auf negative Informationen, die es empfängt: Unverhüllte Aggression, gemeiner Tratsch, Mobbingversuche, kleine Betrügereien, ungerechtfertigte Kritik an deiner Person, die ewig gleiche Leier deiner Eltern, dass du es nie zu etwas bringen wirst – all diese Dinge sind negative Informationen, sind Energien, die ausgesendet und empfangen werden. Manche dieser Energien sind so stark (oder tauchen so oft auf), dass sie regelrecht »Beulen« in deine Aura schlagen bzw. Verschmutzungen hinterlassen. Und je schwächer deine Aura wird, desto eher haben diese Energien die Möglichkeit, gänzlich zu dir durchzudringen und dich wirklich krank zu machen oder aber sich an deine Aura zu heften und dort zu bleiben.

Deshalb sollte man sich immer gut um das eigene energetische System und somit um die Aura kümmern, sie pflegen und reinigen.

Ich hatte mein ganzes Leben lang mit Autos zu tun – und ich vergleiche die Aura auch gern mit einer guten Lackierung: Diese dient nicht nur dazu, dass das Auto gut aussieht, sondern stellt auch einen Schutz für die Karosserie dar. Wenn man sie gut pflegt, seinem Wagen auch ab und zu eine gute Reinigung gönnt, hält sie nahezu ewig. Wenn aber kleine Steine den Lack beschädigt haben, wird sich irgendwann Rost zeigen, der sich ausbreitet und das Auto auf lange Sicht zerstört. Ebenso ist es mit Verschmutzungen: Lasse ich den Taubendreck auf dem Dach, wird er sich irgendwann durch den Lack fressen und dem Wagen erheblichen Schaden zufügen.

Vielleicht hilft dir dieser Vergleich, die Wichtigkeit einer regelmäßigen »Wartung« deiner Aura in Betracht zu ziehen. Ein völlig verrostetes Auto kannst du kaum noch fahren, ohne Gefahr zu laufen, irgendwann mit dem Hintern auf der Straße zu sitzen. Ebenso wird eine Aura, in der lauter blockierende, negative Energien haften, kaum zu einem gelingenden und vor allem glücklichen Leben beitragen.

Auch du solltest also ab und an dein System »warten« oder »warten lassen«. Eine sehr einfache Form dieser Reinigungsarbeit stelle ich dir mit der folgenden Übung vor. Diese Übung solltest du möglichst regelmäßig machen – ich selbst führe sie jeden Abend vor dem Zubettgehen durch.

Übung 4: Die eigene Aura reinigen

Stelle dich aufrecht hin, und visualisiere deine Aura. Stelle sie dir in Gedanken so genau wie möglich vor. Vielleicht entdeckst du hierbei schon ein paar Unregelmäßigkeiten und leichte »Schrammen«. Dann nimmst du beide Hände, die du zu einer Halbschale geformt hast, und streichst deine Aura, vom Kopf ausgehend, selbst in kreisenden Bewegungen nach unten zu den Füßen hin aus.

Vertraue der Macht deiner Gedanken und deiner Intuition! Danke daran, wie eine Mutter einem Kind, das sich wehgetan hat, den Schmerz wegpustet oder wegstreichelt.

Streiche alles Negative von dir ab, befreie dich von diesen Einflüssen. Mache das so lange, bis dein Gefühl dir sagt: Es ist genug.

Du wirst sehr schnell feststellen, dass du nachts viel ruhiger und intensiver schlafen kannst.

Mit den Übungen, die du bisher gemacht hast, bist du energetisch schon auf einem sehr guten Weg. Je länger du dich mit ihnen befasst, desto tiefer kannst du in die energetischen Prozesse hineinspüren, die dabei ablaufen. Diese ganz praktische Arbeit an dir selbst wird dir nach und nach immer weitere Ebenen deiner selbst eröffnen, sodass es niemals langweilig werden wird. Das kannst du mir wirklich glauben!

Wenn du dich mit diesen Übungen sicher genug fühlst, das heißt, wenn sie dir wirklich in Fleisch und Blut übergegangen sind und zu deinem Alltag gehören, kannst du mit den weiteren Übungen in diesem Buch beginnen. Dich erwarten hier noch die Kreisarbeit, die Energieaufstellung und die Harmonisierung deiner Chakren. Es gibt also noch jede Menge zu tun! Und dabei warten viele spannende Erlebnisse auf dich!

Kreisarbeit

Als ich meine eigene schamanische Ausbildung in Montana absolvierte, fiel mir in dem indianischen Dorf, in dem ich in dieser Zeit leben durfte, vor allem eines auf: der Kreis, der nahezu allgegenwärtig war. Das Tipi der Indianer ist rund, und wenn sie mehrere zu einer kleinen Ansiedlung zusammenstellen, machen sie auch das im Kreis. Bei unseren täglichen Streifzügen durch die Natur fielen mir auch die Nester der Vögel auf, die ebenfalls rund sind. Und immer wieder wies mich der Schamane, bei dem ich in die Lehre ging, auf die Kreisform des Lebens hin: Frühjahr, Sommer, Herbst und Winter – und dann wieder Frühjahr. Geburt, Leben, Tod – und Wiedergeburt. Aus vielen Gründen erachten die Indianer den Kreis als heilig, und auch in unserer Kultur war der Kreis stets ein Symbol für die Ganzheit. Deshalb benutze auch ich den Kreis im Seelenschamanismus. Jeder Teilnehmer meiner Seminare und jeder Klient kann instinktiv etwas mit dieser Form anfangen und weiß, dass im Kreis Heilung geschehen kann. Der Kreis hilft uns, Liebe auf allen Ebenen in unser Leben zu integrieren! Und das ist es, worum es letztlich geht, oder?!

Lasse uns also weiter über Energie sprechen. Deine Aura – auch eine Form von Energie – hast du ja schon kennengelernt. Doch, wie gesagt, bist nicht nur du von Energie umgeben und durchdrungen, sondern alles, was existiert, ebenso. Man kann sogar guten Gewissens sagen – und die moderne Wissenschaft bestätigt das immer mehr – dass ALLES nur Energie IST! Materie ist Energie in einer bestimmten Form, aber nichts ist rein statisch. Alles ist in Bewegung, alles ist im Austausch.

Lege das Buch jetzt für einen Augenblick zur Seite, und spüre einmal in die Welt der Energie hinein.

Übung 5: Energie wahrnehmen

Stelle dich aufrecht hin, finde einen sicheren Stand, spüre die Erde unter und den Himmel über dir. Wenn du nun beide Hände zu je einer Halbschale formst und versuchst, diese zusammenzufügen, wirst du spüren, dass zwischen deinen Händen ein Widerstand existiert. Es ist, als würdest du einen unsichtbaren Ball in den Händen halten. Erspüre diesen Energieball intensiv. Erspüre das Gefühl in deinen Handflächen, das er verursacht. Breitet sich eine gewisse Wärme aus? Prickelt es in deinen Händen?

Je länger und öfter du das praktizierst, desto deutlicher wird der Widerstand zwischen deinen Händen werden. In Wirklichkeit aber verändert sich nichts, allein deine Wahrnehmung ist sensibler geworden. Du hast dich deiner Intuition, deinem Bauchgefühl anvertraut. Und dadurch hast du ganz intensiv Prana, die kosmische Energie, wahrgenommen.

Vielleicht findest du in deinem Alltag immer wieder einmal Gelegenheiten, die Energie um dich herum zu spüren. Gerade mit deinen Händen funktioniert das sehr gut, denn die Handnebenchakren (die man auch als »Erweiterung« des Herzchakras verstehen könnte und mit denen wir unglaublich stark auf Energie reagieren) sind sehr sensible Wahrnehmungsorgane. Versuche einfach ab und an, deine Hände an verschiedene Gegenstände heranzuführen und genau hinzuspüren, wo du das Energiefeld des Gegenstands wahrzunehmen beginnst. Auch deinen Partner wirst du mit den Händen erspüren können – schon lange, bevor du ihn wirklich mit deiner Hautoberfläche berührst. Und das Gleiche gilt natürlich auch für dein Haustier.

Mit der Zeit wirst du feststellen, dass du immer feinere Ströme von Energie wahrnimmst. Wenn man einmal mit dieser Arbeit begonnen hat und sich wirklich darauf einlässt, ist es enorm beeindruckend, zu beobachten, was sich alles in der Wahrnehmung verändert. Es ist fast so, als hätte unsere Seele, unsere Energie, unsere Aura nur darauf gewartet, endlich stärker ins Leben einbezogen zu werden. Übe einfach, sooft es geht – und du wirst bald selbst diese Veränderungen spüren!

Probiere diese Übung mit deinen Händen ein paar Wochen lang, bevor du dich daranmachst, Energie nicht nur zu fühlen, sondern auch tatsächlich zu sehen …

Mit der folgenden Übung ist das ganz leicht.

Übung 6: Energie sehen

Setze dich ganz entspannt vor einen frei stehenden Baum, der etwa 20 bis 30 Meter von dir entfernt ist. Bringe dich nun mit einigen tiefen Atemzügen in eine ruhige und gelassene Schwingung. Erinnere dich an die erste Übung in diesem Buch! Atme mehrmals tief ein und tief aus, und richte deine innere Aufmerksamkeit auf dein Vorhaben, die Aura des Baumstammes zu sehen.

Schließe deine Augen, und konzentriere dich ausschließlich auf den Baum. Öffne nun deine Augen ein wenig, und betrachte mit leicht zugekniffenen Augen den gesamten Baum mit Stamm und Krone. Versuche dabei nicht, deinen Blick zu sehr zu fixieren, sondern lasse ihn leicht auf dem Baum ruhen.

Zuerst wirst du eine helle oder weiße Schicht, etwa 1 bis 2 Zentimeter um den Baum, wahrnehmen. Diese Schicht ist die reine Energieschwingung dieses wunderschönen Wesens der Natur.

Nach kurzer Zeit erkennst du eine weitere Schicht, etwa 10 bis 20 Zentimeter stark, in einem hellen Blau: Dies ist die wirkliche Aura des Baumes. Sollte der Baum gesund sein, so wirst du auf der ganzen Länge des Stammes die Aura in gleichbleibender Stärke wahrnehmen.

Versuche es, und gib nicht gleich auf, wenn es nicht sofort gelingt.

Diese Übung kannst du auch auf eine sehr schöne und vor allem nützliche Weise erweitern: Wenn du die Aura des Baumes siehst, wirst du vielleicht auch dunkle Flecken oder so etwas Ähnliches wie Risse in ihr feststellen können. Leider ist in unserer heutigen Welt natürlicher und ungestörter Lebensraum rar geworden. Während in früheren Zeiten Bäume den Großteil der Landmasse unseres Planten bedeckten, wird ihr Lebensraum heute immer kleiner, da der Mensch in jedes noch so ent-

legene Gebiet vordringt und die Natur dort angreift oder zerstört.

Da Bäume Lebewesen wie wir sind, lagert sich auch in ihrer Aura Schädliches an. Wenn ein Baum seine Artgenossen um sich herum verliert, weil sie gefällt werden, oder die Tiere verschwinden, weil den Wald nun eine stark befahrene Straße durchzieht, hinterlässt das Spuren im Energiefeld des Baumes. Diese Spuren kannst du bei manchen Bäumen vielleicht sehen. Kraft deiner Gedanken und indem du viel Liebe und Aufmerksamkeit sendest, kannst du diese Spuren in der Baumaura jedoch beseitigen. Stelle dir einfach vor, wie du die dunklen Flecken, Risse oder Striemen mit deiner Achtsamkeit berührst und heilst. Vielleicht entdeckst du auch spitze und scharfe Gebilde, die in der Aura des Baumes stecken. Ziehe sie ganz einfach heraus. Sorge dafür, dass das Energiefeld des Baumes wieder ungetrübt strahlen kann. Die Natur wird es dir danken!

Alles, was ist, verfügt über ein solches Energiefeld. Wenn du es bei einem Baum sehen kannst, kannst du es auch bei deiner Katze, deinem Hund, deinen Topfpflanzen auf dem Balkon, bei deinem Nachbarn, deinem Haus oder den Gartenzwergen auf der Wiese gegenüber entdecken. Es gibt nichts Totes auf dieser Welt! Alles ist von Energie durchdrungen!

Du kannst dir jetzt vielleicht vorstellen, dass diese vielen Energiefelder von all den unterschiedlichen Wesen und Dingen sich gegenseitig berühren, ständig in neuer Konstellation zusammenkommen und sich zum Teil sogar überschneiden. Letzteres ist einfach die Folge davon, dass Energie nicht statisch ist, nicht wie eine Betonmauer um die Wesen und Dinge herumliegt, sondern lebendig pulsiert und durchlässig wie eine Membran ist. Unsere Energiefelder sind auf Austausch ausgerichtet: Austausch mit der Welt und ihren Bewohnern, Austausch mit dem Leben als solchem!

Natürlich kann es bei diesen »Berührungen« passieren, dass gewisse Dinge eines Energiefeldes im Energiefeld eines anderen »hängen bleiben«. Ähnlich wie andere Eindrücke, beispielsweise die eigenen oder fremde negative Gedanken, Beschimpfungen oder auch ernst gemeinte Verwünschungen, Spuren hinterlassen, so bleiben auch Spuren unbewusster »Berührungen« zurück. Jede Ursache hat ihre Wirkung! So bleiben immer wieder Gedankenformen und Elementale (z. B. in Form von Wunschgedanken, Gedankenwünschen, Begierden etc.)* in deinem Energiefeld zurück, die dich im schlimmsten Fall negativ beeinflussen können. Ein gutes Beispiel sind Neid oder die Konkurrenz unter Nachbarn: Der eine kauft sich einen Swimmingpool und ist darauf vielleicht ein wenig zu stolz – und der andere verspürt plötzlich den inneren Drang, hier gleichzuziehen und sich ebenfalls einen solchen Pool zuzulegen. Hier ist die Gedankenform des »Haste was, biste was« in das Energiefeld des anderen Nachbarn eingedrungen und hat sein Handeln regelrecht vergiftet. Obwohl er es sich nicht leisten kann, wälzt er jetzt Kataloge von Swimmingpool-Anbietern und stürzt sich für etwas, was er gar nicht braucht, in Schulden.

Hast du das schon einmal beobachtet oder vielleicht sogar selbst erlebt? Wenn jemand sich nie um sich selbst kümmert und seinen eigenen Energiehaushalt (im feinstofflichen Bereich) vernachlässigt, können immer mehr Dinge an ihm haften und ihn zu unbewusstem Handeln drängen. Er fällt so zunehmend aus der Harmonie mit sich selbst heraus.

---

* Wenn du mehr zum Thema Gedankenformen und Elementale erfahren möchtest, sei dir mein Buch »Flüche, Besetzungen, Implantate lösen« empfohlen.

Doch keine Angst – auch wenn Energien allgegenwärtig sind und du ihnen nicht ausweichen kannst, musst du dir keine Sorgen machen, dass diese Energien für immer an dir haften bleiben. Es gibt ganz einfache Methoden, diese Fremdenergien wieder loszuwerden. Eigentlich ist es so einfach wie das tägliche Zähneputzen. So wie dieses Beläge entfernt, damit die Zähne sauber und gesund bleiben, kannst du auch dein Energiefeld mit gewissen »hygienischen Maßnahmen« pflegen.

Die folgende Übung ist gut für dich geeignet, wenn du mit den anderen Übungen in diesem Buch schon gute Erfahrungen gemacht und eine gewisse Übungsroutine entwickelt hast. Wenn du deine Aura spüren und die Energie um dich herum wahrnehmen kannst, ist diese Übung eine hervorragende Möglichkeit, dich immer wieder gründlich zu reinigen und in die innere Harmonie zu bringen.

Übung 7: Die zwei Kreise und das goldene Sieb

Beginne diese Übung wie immer damit, dich zu zentrieren. Achte auf deinen Atem (wie in Übung 1 dieses Buches), spüre deine Mitte ebenso wie die Erde unter und den Himmel über dir. Errichte dann zwei Kreise, jeweils mit einem Durchmesser von etwa 1 Meter, direkt nebeneinander. Du kannst diese Kreise mit Kreide auf die Erde malen oder auch mit entsprechend langen Schnüren auslegen. Vielleicht funktioniert sogar ein Hula-Hoop-Reifen für dich – es kommt wirklich nicht darauf an, aus welchem Material der Kreis besteht. Es geht einzig und allein um deine geistige Herangehensweise an die Übung selbst. Und somit ist es sogar ausreichend, wenn du die beiden Kreise nur in Gedanken visualisierst und z. B. zur Unterstützung deiner Gedankenkraft mit der bloßen Hand auf die Erde zeichnest. Ich bin sicher, dass du die passende Variante für dich und deine Arbeit finden wirst.

Wenn die beiden Kreise am Boden ausliegen, stellst du dich in einen der Kreise hinein. Fokussiere dich dann auf deine Intention, auf das, was du durch diese Übung erreichen möchtest. Vielleicht kannst du dreimal laut sagen: »Ich möchte mich von den Ursachen meiner Blockaden reinigen! Ich möchte mich lösen!«

Dann stellst du dir in Gedanken ein goldenes Sieb vor, das über deinem Kopf schwebt. Es schimmert im Licht, und du erkennst sofort, dass es ein wahrhaft heilsames Werkzeug ist. Ziehe nun dieses Sieb mit der Kraft deiner Gedanken von oben über deinen ganzen Körper und dein gesamtes Energiefeld hinweg. Sei dir ganz sicher, dass alles, was nicht zu dir gehört, jede Fremdenergie, im Sieb hängen bleibt. Während du dies tust, kannst du laut sagen oder klar in Gedanken formulieren: »Alles, was nicht zu mir gehört, bleibt nun in diesem Sieb hängen!«

Wenn du das Sieb einmal über dich gezogen hast, nimm es in Gedanken und schüttele es über dem zweiten Kreis aus. Da manchmal auch eigene Energien im Sieb hängen bleiben, kannst du nun die Energie im zweiten Kreis sieben und sagen: »Alles, was zu mir gehört, bleibt nun in diesem Sieb hängen!«

Danach schüttelst du das Sieb über dir selbst aus, sodass alle Energien dorthin geraten, wohin sie gehören.

Diesen gesamten Vorgang (dich selbst sieben, das Sieb im zweiten Kreis ausschütteln, das Ausgeschüttelte sieben und über dir selbst ausschütteln) wiederholst du drei Mal.

Wenn du das getan hast, dürfte dein Energiefeld von allen Fremdenergien gereinigt sein. Nun kannst du Folgendes denken oder sagen: »Was zu mir gehört, ist bei mir. Was nicht zu mir gehört, ist von mir gelöst.«

Dann trenne die beiden Kreise gedanklich voneinander. Nichts aus dem zweiten Kreis kann nun zu dir zurückkehren, du bist frei davon! Mutter Erde wird sich dieser Energien annehmen, sie in sich hineinziehen und dort verwandeln.

Tritt aus deinem Kreis hinaus, und löse beide Kreise auf.

Wenn du schon mit dem Seelenschamanismus zu tun hattest, kannst du dir diese Übung des goldenen Siebs als eine Form der »Feinjustierung« vorstellen. Wenn du bei deinem Auto neue Sommerreifen aufziehst, werden diese auch zuerst grob ausgewuchtet. Doch du spürst vielleicht noch ein leises Zittern des Lenkrads, wenn du höhere Geschwindigkeiten fährst. Dann werden die Reifen erneut feinjustiert, bis sie ganz rund, ganz harmonisch laufen. So kannst du dir auch die seelenschamanische Arbeit vorstellen. Zuerst machst du Übungen, die dich auf den Weg bringen, die dich dich auf eine höhere energetische Ebene einschwingen lassen. Dann werden diese Ebenen immer feiner, und du kehrst sukzessive in deine ursprüngliche Harmonie zurück.

Diese Harmonie ist dein natürlicher Zustand. Sie ist sozusagen dein reines Selbst, ohne irgendwelche Blockaden, die dich daran hindern, dich als »du selbst« auszudrücken. Stelle dir nur vor, wie es wäre, wenn alle Menschen ganz sie selbst sein könnten! Wenn wir nicht versuchen würden, irgendjemand anderer zu sein oder bei anderen Menschen Eindruck zu schinden. Wenn wir alle frei von Blockaden wären, frei von Hindernissen, die uns in unserer Kindheit »eingeimpft« wurden. Wenn alle Fremdenergien aus unserem Feld verschwinden würden, sodass wir wirklich aufatmen könnten.

Ich bin immer sehr froh, wenn ich Menschen sehe, die sich auf diesen Weg begeben haben. Und besonders schön ist es für mich, wenn ich diese Menschen einen Teil ihres Weges begleiten darf und der Seelenschamanismus zu einem hilfreichen Werkzeug wird, das tatsächlich benutzt wird.

Die Arbeit mit dem Kreis kann ein wichtiger Schritt auf diesem Weg sein. Wenn du Energie wirklich verstehst, dich in sie einfühlen und deinen Kreis »sauber halten« kannst, wirst du dich jeden Tag freier fühlen!

Ich kann mich gut an einen Klienten erinnern, der eines Tages in meine Praxis kam und über immer wiederkehrende und für ihn unverständliche Träume klagte. Thomas* war verwirrt über diese Träume, da sie in keiner Weise zu seinem Leben passten. Eigentlich träumen wir von Dingen, die einen Bezug zu unserem Erleben haben, die den vergangenen Tag verarbeiten oder größere Probleme aus unserem Alltag symbolisch darstellen.

Thomas träumte jedoch jede Nacht davon, dass er auf einem Pferd ritt, das durchging, ihn abwarf und dann mit den Hufen tottrampelte. Jedes Mal wachte er schweißgebadet auf. Er dachte zunächst, dass das nur eine Phase sei und vorübergehen werde. Doch der Traum kehrte jede Nacht wieder und brachte Thomas um seinen Schlaf, den er in seinem anstrengenden Job aber dringend brauchte. Was ihn wirklich verwirrte, war die Tatsache, dass er noch nie in seinem Leben etwas mit Pferden zu tun gehabt hatte und sich auch überhaupt nicht für Pferde interessierte. Er war ein richtiges »Stadtkind« und brachte mehr Begeisterung für Computer und andere technische Dinge auf als für Reitsport.

---

* Name geändert.

Nach einigen Wochen, in denen er jede Nacht aufgewacht war und mehrere Stunden unruhig im Bett gelegen hatte, war er dann so verzweifelt, dass er dem Tipp einer Freundin, es doch mal mit schamanischen Methoden zu probieren, folgte.

Da er auch im Gespräch keinerlei Verbindung zu Pferden erkennen ließ und ich sicher war, dass dieses Tier auch nicht sein Krafttier war, das ihn mit irgendeiner Botschaft im wahrsten Sinne des Wortes aufwecken wollte, nahm ich an, dass die Energie, die sich im Traum zeigte, in Wirklichkeit nicht zu ihm bzw. nicht zu seinem jetzigen Leben gehörte. Ich schaute mir seine Aura an und entdeckte etwas, was wie ein dunkler Fleck an ihm festhing. Aus diesem Grund schlug ich ihm die Kreisarbeit vor, worauf er sich nach ein wenig Sträuben auch einließ.

Ich wies ihn an, das goldene Sieb über sich zu ziehen und in Gedanken klar zu formulieren: »Alles, was nicht zu mir gehört, bleibt nun in diesem Sieb hängen!«

Dann schüttelte er das Sieb im zweiten Kreis aus, siebte auch dort wieder die Energie und begann erneut, sich selbst mit dem goldenen Sieb zu »bearbeiten«.

Ich sah deutlich, wie der dunkle Fleck beim zweiten Durchgang im Sieb hängen blieb und ausgeschüttelt wurde. Ich fragte Thomas, ob ich die Geistige Welt fragen solle, was es mit diesem Fleck auf sich habe, und er gab mir die Erlaubnis dazu. Nachdem ich mich mit der Geistigen Welt verbunden hatte, erfuhr ich, dass dieser Fleck ein Erlebnis aus einem früheren Leben darstellte, in dem Thomas tatsächlich von einem Pferd totgetrampelt worden war. Ich erzählte ihm davon und versicherte ihm, dass der Traum nun nicht mehr auftauchen werde. Zur Sicherheit siebte er seine Aura noch ein drittes Mal, dann verabschiedete er sich und ging.

Drei Tage später rief er mich an und erzählte mir, dass er in den letzten beiden Nächten durchgeschlafen habe. Kein Pferd war aufgetaucht, und er fühlte sich schon wieder ein bisschen erholter. Ich sprach ihn noch einmal ein paar Monate später – der Traum hatte sich nicht mehr wiederholt, und Thomas konnte seine Nachtruhe wieder ungestört genießen.

Du siehst, es gibt einiges, was an unserer Aura haften bleiben und uns beeinflussen kann. Übungen wie das goldene Sieb sind deshalb so hilfreich, weil sie einfach durchzuführen sind und gute Ergebnisse bringen. Wahrscheinlich wirst du nicht immer herausfinden können, was genau durch das Sieb entfernt wurde, aber das ist auch nicht so wichtig. Entscheidend ist, dass du dich besser fühlst und wirklich DEIN Leben leben kannst!

Energieaufstellung zur Lösung von Blockaden

Eine Energieaufstellung ist ein weiterer Weg, auf dem du sowohl deine Aura als auch deine Vergangenheit klären und somit dein in dir wohnendes Potenzial erwecken kannst.

Wir alle schleppen jede Menge Ballast mit uns herum: Alte Verletzungen, die unser Herz verhärtet haben, die uns denken lassen, wir seien nicht gut genug, die dafür sorgen, dass wir uns in uns selbst zurückziehen und nicht mehr auf Menschen zugehen können. Oft sind es unbedachte Äußerungen unserer ersten Bezugspersonen, die uns stark beeinflussen und unser restliches Leben bis zu einem gewissen Grad bestimmen können, wenn wir uns nicht bewusst gegen die Annahme dieser verletzenden Worte entscheiden.

Vielleicht hast du einige der folgenden Sätze auch in deiner Kindheit gehört:

- »Das kannst du nicht …«
- »Lasse das lieber, das ist nichts für dich …«
- »Ich wette, das schaffst du nicht …«
- »Höre sofort auf damit! Das ist nichts für Mädchen/Jungen …«
- »Dafür hast du einfach kein Talent …«
- »Du hast doch ohnehin zwei linke Hände …«

Na, kommt dir der eine oder andere Satz bekannt vor? Das alles sind Aussagen, die uns klein halten, die uns vermitteln, dass uns nichts zugetraut wird, und die uns das Vertrauen zu uns selbst nehmen. Aber warum sind diese Sätze jetzt noch für uns, wo wir doch mittlerweile Erwachsene sind, von Bedeutung? Könnten wir sie nicht einfach vergessen und als gedankenlose Äußerungen werten, die schon lange vergangen sind?

Meist ist das leider nicht so einfach, denn Worte sind Gedankenformen und können als Fremdenergien an uns »kleben«. Sie haften als dunkle Flecken an unserer Aura und sind deshalb zwar nicht unbedingt bewusst wahrnehmbar, aber unterbewusst stets präsent. Wie gesagt: Alles ist Energie – und somit ist die Arbeit an uns selbst und unseren Ängsten oder Nöten immer Energiearbeit.

Hier kommen wir zur Energieaufstellung – und sicherlich ist dir schon die Ähnlichkeit dieses Begriffes zu dem der Familienaufstellung aufgefallen. Die Familienaufstellung arbeitet mit »Stellvertretern«: Eine Person aus dem Teilnehmerkreis stellt symbolisch den Onkel oder die Mutter dar, während eine andere Person wiederum den Vater, den Bruder oder die Schwester symbolisiert. Diese Personen werden nun im Raum »aufgestellt«, d. h., der Klient stellt die

Repräsentanten an bestimmte Plätze im Raum, aus denen dann das Beziehungsgeflecht ersichtlich wird. Durch die darauf folgende Interaktion der verschiedenen Personen und die Gefühle, die sie in dieser Situation entwickeln und ausdrücken, werden gewisse alte Muster aufgelöst.

Das ist natürlich nur eine sehr grobe Zusammenfassung dieser Arbeit, aber für unsere Zwecke des Vergleichs soll das genügen.

Auch wir suchen uns in unserer Energieaufstellung Stellvertreter. Allerdings nicht für Personen, mit denen wir in irgendeiner Beziehung stehen, sondern für Gefühle, die uns immer wieder befallen. Angst, Sorge, Hemmungen, Blockaden, Nervosität, Wut – all diese Emotionen können wir im wahrsten Sinne des Wortes mit dieser Arbeit »verkörpern« und uns somit ihnen gegenübersetzen. Wir können diese Gefühle dann ansehen und mit ihnen sprechen. Wir können sie etwas fragen, erhalten Antworten, können uns mit den Gefühlen anfreunden und sie schließlich loslassen.

Die folgende Übung besteht aus zwei Teilen: der eigentlichen Energieaufstellung und dem Auflösen der Emotion über die innere Blume. Ich werde diese recht lange Beschreibung anhand eines Beispiels verdeutlichen: der Angst, nicht gut genug zu sein bzw. zu versagen. Mit dieser Technik kannst du aber grundsätzlich alle Emotionen und Blockaden angehen. Die Fragen und Antworten im Dialog während der Übung sollen dir nur die Grundstruktur dieser Arbeit vor Augen führen. Jede Sitzung ist absolut einzigartig, doch das Beispiel wird dir helfen, die Arbeit zu verstehen und jeweils in die richtige Richtung zu lenken.

Übung 8: Energieaufstellung und innere Blume

Diese Übung kannst du nicht allein durchführen. Du brauchst zwei Partner. Du selbst bist in diesem Beispiel der Klient, ein weiterer Partner fungiert als Therapeut, und der andere Partner ist der Stellvertreter, derjenige, der deine Emotion darstellen wird. (Keine Angst, hierbei sind keine schauspielerischen Leistungen gefragt, sondern nur ein klarer und leerer Geist, der bereit ist, sich einzulassen. Aus diesem Grund empfehle ich die Übung 1 aus diesem Buch für alle drei Personen als Vorbereitung.)

Nun stellt ihr drei Stühle in einem Dreieck auf. Auf Stuhl 1 setzt sich der Klient und konzentriert sich auf die Emotion, die immer wieder auftaucht und ihn aus dem Gleichgewicht bringt. Das Energiefeld dieser Emotion visualisiert der Klient auf dem zweiten Stuhl. Er stellt sich einfach vor, diese Emotion würde dort ein Feld bilden. In dieses Feld setzt sich dann der Stellvertreter, während auf Stuhl 3 der Therapeut Platz nimmt, der hier eine vermittelnde Rolle hat.

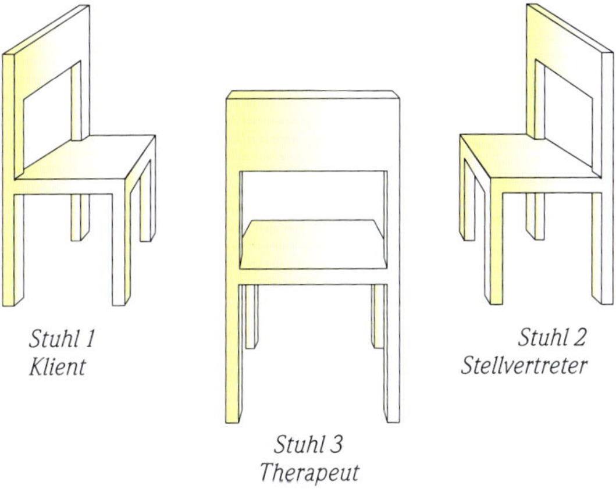

Zwischen dem Energiefeld des Klienten und dem Energiefeld der Emotion bzw. des Stell-

vertreters entsteht eine Verbindung. Der Therapeut bleibt außerhalb dieses Feldes.

Der Klient konzentriert sich weiter auf die Emotion bzw. die Blockade und versucht, sie sich im Gegenüber personifiziert vorzustellen. Der Stellvertreter bleibt während dieser Anfangsphase ruhig sitzen, ist einfach offen.

Nun beginnt der Therapeut mit der Moderation zwischen dem Klienten und dem Stellvertreter.

Therapeut: *»Welche Energie sitzt dir nun gegenüber?«*

Klient: *»Die Energie der Angst. Die Angst, zu versagen …«*

Therapeut: *»Kannst du uns mehr über die Angst sagen?«*

Klient: *»Sie taucht immer auf, wenn ich etwas Neues beginnen möchte. Ich wünsche mir, mein Leben zu ändern, aber dann kommt die Angst, und ich bleibe genau dort, wo ich bin …«*

Therapeut: *»Angst, kannst du uns sagen, wie du dich fühlst?«*

Stellvertreter: *»Ich bin ein Druck im Magen, ein schwerer Stein.«*

Therapeut: *»Fühlst du das auch so, (Name des Klienten)?«*

Klient: *»Ja, und dann verkrampfe ich mich.«*

Therapeut: *»Angst, was würde helfen, dass du dich leichter fühlst?«*

Stellvertreter: *»Ich fühle mich weggestoßen, abgelehnt. Ich will verstanden werden.«*

Therapeut: *»Angst, kannst du sagen, woher du kommst?«*

Stellvertreter: *»Ich bin die von anderen eingeforderte Leistung. Ich bin die Enttäuschung, die ausgedrückt wurde.«*

Therapeut: *»Kannst du das auch sehen, (Name des Klienten)?«*

Klient: *»Ja.«*

(Hier kann das Gespräch auch durchaus länger dauern und durch weitere Fragen des Therapeuten ins Detail führen. Oft kommen hier Dinge ans Tageslicht, die dem Klienten gar nicht oder nur sehr begrenzt bewusst waren. Derjenige, der die Rolle des Therapeuten innehat, muss hier sehr einfühlsam vorgehen und genau auf die Stimmung und die leisen Zwischentöne achten, um das Gespräch in

Gang zu halten, aber nicht willentlich zu beeinflussen.)

Therapeut: *»Bist du bereit, mit deiner Angst anders umzugehen, dich von den Ursachen zu lösen und dich zu befreien?«*

Klient: *»Ja.«*

Therapeut: *»Ich möchte nun, dass du, (Name des Klienten), die Energie der Angst in die innere Blume überführst. Bitte stelle dir dazu vor, wie du das Energiefeld, das sich dir im Moment gegenüber befindet in deine Vorstellung hereinnimmst und in die Blume gibst. Visualisiere dazu einfach eine Blume, zu der du eine Verbindung hast. Kannst du das tun?«*

Klient: *»Ja.«*

Therapeut: *»Das Aussehen der Blume verrät dir etwas über deine Angst. Es zeigt dir die Beschaffenheit der Angst und auch die Hintergründe. Gleichzeitig kannst du dieses Aussehen der Blume durch die Kraft deiner Gedanken ändern.*

Atme jetzt ruhig und gelassen. Folge ein paar Augenblicke lang deinem Atem.

Nimm dann die Energie der Angst in Gedanken in dich auf, und lasse die innere Blume entstehen.

Schaue dir jetzt die Blume genau an. Wie sieht sie aus?

Wie sehen ihre Wurzeln aus?«

Klient: *»Die Wurzeln sind trocken und teilweise abgebrochen.«*

Therapeut: *»Stelle dir nun vor, wie du gute, fruchtbare Erde nimmst und sie um die Wurzel verteilst. Dann wässere die Erde mit frischem Wasser. Tut das den Wurzeln gut?«*

Klient: *»Ja, die Wurzeln beginnen, sich zu erholen.«*

Therapeut: *»Wie sieht der Stiel der Blume aus?«*

Klient: *»Er ist abgeknickt.«*

Therapeut: *»Bitte stelle dir vor, wie du einen kräftigen Stock nimmst und den Stiel der Blume daran festbindest, um ihn zu stützen. Hilft das der Blume?«*

Klient: *»Ja, sie kann sich jetzt aufrichten und von selbst gerade halten.«*

Therapeut: *»Wie sehen die Blätter aus?«*

Klient: *»Sie sind trocken.«*

Therapeut: *»Vielleicht gießt du die Blume noch ein bisschen …«*

Klient: *»Jetzt kommt wieder Farbe und Leben in die Blätter.«*

Therapeut: *»Wie sieht die Blüte aus?«*

Klient: *»Sie ist geschlossen und vertrocknet, aber durch das Wasser wird es schon etwas besser.«*

Therapeut: *»Vielleicht stellst du dir das Licht einer inneren Sonne vor, das die Blume nun bescheint.«*

Klient: *»Jetzt öffnet sich die Blüte langsam. Sie wird ganz gelb, ganz strahlend.«*

Therapeut: *»Sieht die Blume nun gesund aus? Macht sie einen harmonischen Eindruck?«*

Klient: *»Ja, das tut sie.«*

Therapeut: *»Dann bitte ich dich nun, diese harmonische Energie in das Feld der Angst zurückzugeben. In das Feld, dass sich dir gegenüber befindet. Stelle dir einfach vor, wie die harmonische Energie der Blume in das Feld der Angst fließt, wie das Strahlen und das Licht das Feld der Angst durchdringt.«*

Klient: *»Es ist, als ob das Dunkle sich langsam auflöst.«*

Therapeut: *»Wie fühlst du dich dabei?«*

Klient: *»Ich fühle mich ganz leicht.«*

Therapeut: *»Bitte atme nun dreimal tief durch, und öffne dann langsam deine Augen.«*

Der Stellvertreter kann nun aufstehen und sich an den Rand des Raumes begeben. Sein Stuhl (Stuhl 2) bleibt aber stehen. Wenn er sich aus dem Energiefeld entfernt hat, sollte er die Übung mit dem goldenen Sieb durchführen, damit nichts von dieser Sitzung an ihm haften bleibt.

Der Therapeut wendet sich dann wieder an den Klienten: »Ich möchte dich nun bitten, dass du dich in das Feld der Angst setzt und mir erzählst, was du spürst.«

Der Klient setzt sich auf den gegenüberstehenden Stuhl und fühlt in sich und die Energie hinein.

Klient: *»Auch hier fühlt es sich leicht und frei an.«*

Therapeut: *»Genieße dieses Gefühl noch ein paar Augenblicke lang. Spüre dich ganz hinein in diese neue Freiheit und Leichtigkeit. Beende die Übung, wann immer du dich bereit dazu fühlst.«*

Dieses Beispiel ist so aufgebaut, dass es die Arbeit mit Menschen zeigt, die bereits mit dem Seelenschamanismus vertraut sind und vielleicht schon die eine oder andere Übung gemacht haben. Sollten hier Menschen teilnehmen, die zum ersten Mal mit dieser Arbeit in Kontakt kommen, sollte der Therapeut stärker moderieren oder auch die Arbeit mit der Blume selbst übernehmen. In diesem Fall kann er dem Klienten einfach schildern, was er sieht und tut. Auch dies wird auf energetischer Ebene eine wohltuende Wirkung haben.

Bei dieser Methode funktioniert alles über die Kraft der Gedanken. Wir visualisieren die Blume vor unserem inneren Auge und geben die Energie, um die es geht, in sie hinein. Ich persönlich verwende meist die Sonnenblume, weil sie für mich sehr schnell Reaktionen zeigt, aber die Art der Blume ist eigentlich ganz egal. Wichtig ist, dass du mit dieser Blume etwas anfangen und sie dir gut vorstellen kannst. Wenn du innerhalb der Sitzung das Aussehen der Blume positiv veränderst, veränderst du auch die Energie und kannst diese in das entsprechende Feld zurückgeben. Das funktioniert erstaunlich gut und zeigt, dass die einfachsten Dinge oft die besten und verlässlichsten sind.

Alles, was an der Blume ungesund wirkt, kannst du in Gedanken verändern. Sei einfach ein liebevoller Energie-Gärtner! Gute, fruchtbare Erde hilft stets, denn die Nahrung entscheidet über das Wachstum. Wasser und auch gutes Zureden machen ebenfalls immer einen Unterschied. Füge der Blume einfach alles hinzu, bis sie gesund aussieht. Lasse deine innere Sonne auf sie scheinen. Nähre sie mit Liebe und Zuwendung.

Pflege die Blume so lange, bis sie insgesamt einen gesunden, kräftigen und lebendigen Eindruck macht, und schicke sie dann zurück in das ursprüngliche Feld. Verändere deine emotionale Welt!*

Eines der Hauptthemen, die in meiner Praxis immer wieder von Klienten vorgetragen werden, ist ein mangelndes Selbstwertgefühl. Ein besonders eindrücklicher Fall, der letztlich mit der Energieaufstellung und der inneren Blume geklärt werden konnte, war für mich Angela**. Als Angela meine Praxis betrat, war mir das Thema ihres Besuches gleich klar: Die eigentlich sehr hübsche Frau versteckte sich förmlich in unförmigen, farblosen Kleidern und trug eine Frisur, die eher zu einer 40 Jahre älteren Frau gepasst hätte. Sie konnte mir kaum in die Augen sehen, sprach sehr leise und schaute die ganze Zeit auf ihre Hände oder

---

* Weitere Infos zur Arbeit mit der inneren Blume und ergänzende Übungen findest du in meinem Buch »Seelengespräch mit dem Körper«.

** Name geändert.

den Fußboden. Obwohl sie eigentlich über sehr gute Fähigkeiten in ihrem Beruf verfügte, war ihr dennoch gekündigt worden, weil man ihr mangelnde Durchsetzungskraft ankreidete und unterstellte, sie hätte an ihrem Arbeitsbereich kein wirkliches Interesse. Zudem hatte sie bei den letzten Malen, bei denen sie ihre Arbeit dem Geschäftsvorstand präsentieren sollte, kaum ein Wort herausgebracht und stattdessen wie ein begossener Pudel einfach dagestanden. Diese Erlebnisse waren für Angela wirklich traumatisch gewesen, und sie kam sich wie eine komplette Versagerin vor.

Nachdem ich eine Zeit lang mit ihr gesprochen hatte, machte ich ihr den Vorschlag einer Energieaufstellung, um ihrer Versagensangst zu begegnen. Sie ließ sich auf diesen Vorschlag ein, und wir setzten ihr ihre Versagensangst gegenüber. Eine Freundin, die sie begleitet hatte, übernahm die Rolle des Stellvertreters.

Es war für Angela sehr schwierig, ihre Angst anzusehen und mit ihr zu kommunizieren – doch die Arbeit mit der inneren Blume funktionierte dafür umso besser, obwohl ich erst dachte, auch diese wäre nicht die richtige Methode für sie.

Wir wässerten die Blume, sorgten für gute Erde, banden die Blume an einem Stock an, doch nichts half wirklich. Die Blume ließ noch immer den Kopf hängen, genau wie Angela.

Bei der Blüte angekommen, bat ich sie, ihre innere Sonne auf die Blume scheinen zu lassen, doch Angela sagte, dass dieses Strahlen nicht ausreichen würde. Nach einer gewissen Zeit stellten wir fest, dass die Blume in einem tiefen Schatten stand – und plötzlich brachen bei Angela alle Dämme. Sie erinnerte sich, wie sie stets im Schatten des Vaters gelebt hatte, der sie schon als Kind mit überzogenen Erwartungen malträtiert hatte. Als sie erwachsen war, hatte sie sich weiter um ihn gekümmert, da er an Krebs erkrankt war und niemanden sonst hatte, der ihn umsorgt hätte. Die Mutter war schon einige Jahre zuvor gestorben.

Doch auch in seinen letzten Jahren konnte Angela ihrem Vater nichts recht machen. Statt Dank erntete sie nur Kritik: Dies war nicht richtig, das war nicht gut. Das Essen war zu heiß oder zu kalt, das Bett war nicht ordentlich gemacht, das Kissen nicht aufgeschüttelt.

Wenn Angela von ihrem Job erzählte, meinte der Vater nur, dass diese Arbeit ohnehin nicht das Richtige für sie sei und sie sich lieber einen Mann suchen solle, der für sie sorge. Aber bei ihrem Aussehen … was sei da schon zu erwarten!

Offenbar war ihr Vater kein sehr angenehmer Zeitgenosse gewesen.

Wir nährten daraufhin die innere Blume weiter mit der Energie der Eigenliebe. Angela stellte sich vor, wie sich ihr Herz weit öffnete, um der Blume Kraft zu geben. Wir nahmen uns sehr viel Zeit dafür, schickten Welle um Welle Eigenliebe und Selbstannahme zur Blume. Und dann, als die Blume begann, sich aufzurichten, freute Angela das so sehr, dass sie auch die innere Sonne mehr scheinen lassen konnte. In ihrer Vorstellung verschwand langsam der Schatten, der die Blume ins Dunkel tauchte. Die Sonne konnte die Blume erreichen, und diese konnte zu ihrer vollen Pracht aufblühen.

Das war für Angela ein ungeheuer wichtiger erster Schritt.

Wir arbeiteten danach noch öfter miteinander – und so, wie sie ihre innere Blume vom Schatten ihres Vaters befreien konnte, machte sie sich auch selbst von diesem Schatten frei. Nach einer Weilte traute sie sich selbst mehr zu, begann, offener zu werden, und fand auch schließlich eine neue Arbeitsstelle, wo man sie mehr zu schätzen wusste. Sie konnte in ihrem Leben wieder aufatmen!

Die Chakren in Harmonie bringen

Jede noch so kleine Veränderung ist ein Schritt nach vorn auf dem Weg zu mehr Harmonie. Wenn du z. B. einen Stein in einen ruhigen See wirfst, dann kannst du sehen, wie sich kleine Wellen in konzentrischen Kreisen bewegen und sich ganz harmonisch ausbreiten. Befinden sich jedoch größere Steine oder Baumstämme im Wasser, dann brechen sich die Wellen daran, und die Harmonie wird gestört. Auch unsere Energie breitet sich in harmonischen Wellen aus, doch wenn Blockaden im Weg stehen, wird die Harmonie unterbrochen. Entfernen wir die Blockaden, kann sich unser Leben in Schönheit und Harmonie entfalten, genau wie die Wellen auf dem See sich weiter in Kreisform ausbreiten, wenn wir die Steine und Baumstämme aus dem Weg räumen. Lasse uns also einfach weitermachen!

Du hast nun schon die Arbeit mit der Aura, die Kreisarbeit und die Energieaufstellung mit der inneren Blume kennengelernt. Nun möchte ich dir noch eine weitere Möglichkeit vorstellen, mit deren Hilfe du immer weiter in deine eigene Tiefe und auch in die Harmonie kommen kannst. Dieses Kapitel wird sich mit den Chakren beschäftigen, den Energiezentren unseres Körpers.

Chakren sind eine Art Kraftwirbel, die die Energie des universellen Feldes in unser System hereinholen und miteinander im Austausch stehen. Jedes Chakra beeinflusst die Energie der anderen Chakren, denn die Lebensenergie durchströmt uns als Ganzes.

Wir Menschen verfügen über sieben Hauptchakren; ganz unten liegt das Wurzelchakra, ganz oben das Scheitelchakra.

Name des Chakras	Sitz im Körper	
Wurzelchakra	*am unteren Ende der Wirbelsäule*	
Nabelchakra	*etwa zwei Fingerbreit unter dem Bauchnabel*	
Solarplexuschakra	*etwa zwei bis vier Fingerbreit über dem Bauchnabel*	
Herzchakra	*Herzgegend, in der Höhe des ersten Brustwirbels, oberhalb des Solarplexus*	
Halschakra	*unmittelbar am Halsansatz, im Bereich des Kehlkopfes, beim dritten Halswirbel*	
Stirnchakra	*zwischen den Augenbrauen, in der Mitte der Stirn*	
Scheitelchakra	*auf dem Kopf, direkt am Scheitel*	

	Funktion/Bedeutung
	steht in Beziehung zur physischen Energie
	tiefe Gefühle; Steuerung der sexuellen Energie; Energieversorgung der Organe im Beckenbereich
	Sitz der Persönlichkeit; Steuerung von Zufriedenheit und Vertrauen
	Eingangspforte für den Astralkörper; Steuerungsmechanismus für das emotionale Leben; Sitz von Liebe und Mitgefühl
	kontrolliert den gesamten Bereich von Hals, Rachen und Gesicht; bestimmt Gesichtsausdruck, Gestik und sprachlichen Ausdruck
	physisches Sehvermögen; Einsicht in die höheren geistigen Ebenen; Hellsichtigkeit und andere Formen der Wahrnehmung; Sitz der göttlichen Intelligenz
	der Epiphyse zugeordnet; entspricht der höchsten Ebene spiritueller Vollendung

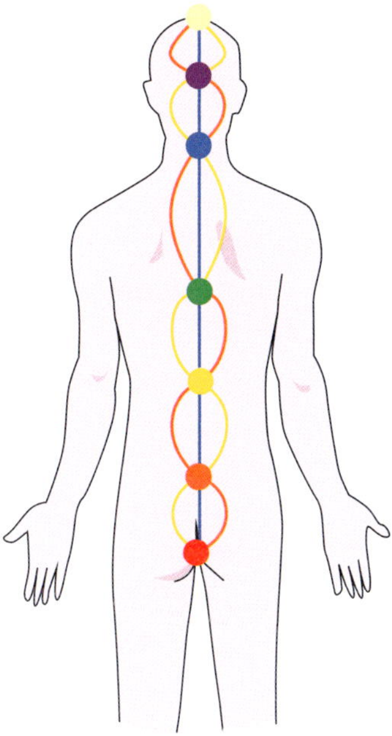

Neben diesen klassischen Hauptchakren* gibt es sieben geistige Chakren (im Seelenschamanismus das achte bis vierzehnte Chakra), die in Zehn-Zentimeter-Abständen vom siebten Chakra an nach oben (in die Geistige Welt) reichen. Diese geistigen Chakren binden uns an die großen kosmischen Zusammenhänge an. Darüber hinaus gibt es auch sieben Erdungschakren, die vom Wurzelchakra, in Abständen von ebenfalls jeweils 10 Zentimetern, in die Erde führen und uns mit der Kraft unseres Heimatplaneten verbinden.

All diese Chakren haben eine sie verbindende Aufgabe: Sie transportieren die Urkraft der Schöpfung in uns herein und versorgen uns mit Kraft, Freude und Licht.

Und ähnlich wie bei unserer Aura können auch sie nur richtig arbeiten und ihre Aufgabe erfüllen, wenn sie nicht durch an ihnen haftende Blockaden daran gehindert werden. Auch an unseren Chakren können sich Fremdenergien festsetzen, auch sie können regelrecht durch dunkle Flecken »verstopft« sein. Darüber hinaus können Chakren durch Blockaden daran gehindert werden, sich zu drehen. Dieses Dre-

---

* Detailliertere Informationen zu den Chakren findest du in meinem Buch »Chakren fühlen, ausgleichen und anregen«.

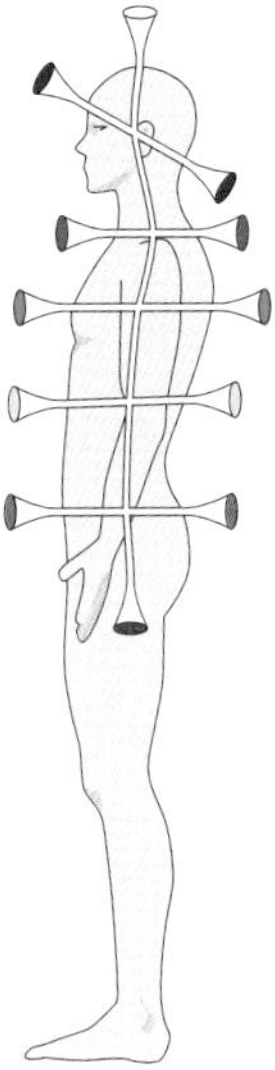

hen ist aber, ähnlich wie bei einer Turbine, unverzichtbarer Teil ihrer Funktion. Keine Drehung, keine Energie – so einfach ist das!

Wenn du dich häufig energielos fühlst, ohne dass es dafür einen äußeren Grund zu geben scheint, kann es gut sein, dass eines deiner Chakren blockiert ist. Vielleicht fühlst du dich auch in einem bestimmten Bereich deines Lebens bzw. deines Körpers schlapp und müde. Wenn du dir die obige Tabelle mit der Zuordnung der Chakren zu bestimmten Funktionen und Bedeutungen noch einmal ansiehst, wirst du vielleicht entdecken, welches deiner Chakren betroffen sein könnte. Dann kannst du bei den nächsten Übungen besonderes Augenmerk auf dieses spezielle Chakra richten.

Da Chakren uns mit Himmel und Erde verbinden, ist es wichtig, stets darauf zu achten, die eigenen Chakren zu reinigen, um sie funktionsfähig zu halten. Wir benötigen die Verbindung zur Erde, um nicht »abzuheben«, um wirklich im Hier und Jetzt zu sein und zu wirken. Ebenso brauchen wir die Verbindung zum Himmel, um mit der Geistigen Welt in Kontakt zu sein und uns nicht gänzlich im Materiellen zu verlieren.

Doch lasse uns jetzt ganz praktisch werden und die Chakren wirklich fühlen! Die folgende Übung kennst du vielleicht schon, doch je mehr du mit ihr übst, desto sicherer wirst du im Umgang sowohl mit deinen eigenen als auch mit den Chakren von anderen Menschen, denen du helfen möchtest.

Übung 9: Chakren intuitiv fühlen

Stelle dich seitlich neben eine Person. Reibe nun zunächst deine Handflächen aneinander, um die Sensitivität in ihnen zu stärken. Nun hältst du deine Hände vor und hinter den Bereich des Herzchakras des anderen. Du wirst vor der Brust und hinter dem Rücken einen gewissen Widerstand erspüren. Diesen Widerstand kannst du energetisch erfassen, wenn du dich geistig darauf ausrichtest, das Herzchakra zu ertasten. Während du dich auf das Herzchakra konzentrierst, sendet die Person, mit der du arbeitest, über ihr Herzchakra eine feinstoffliche Energie ab, die du mit deinen Händen ertastest. Sie stößt in deiner Handfläche auf deine Energie. Der Zusammenprall dieser beiden Energien erzeugt in deinem Unterbewusstsein ein Stopp-Signal. Jetzt bleibt deine Hand stehen. Das ist das Zeichen, dass dies der tatsächliche Abstand zum Chakra der anderen Person ist. Du bewegst deine Hand hin und her und gibst dann deinem Unterbewusstsein eine kurze Bestätigung: »Ich habe es registriert.«

Nun konzentrierst du dich auf die Länge des Chakras. Sollte der Abstand vom Körper nicht mindestens eine Handspanne betragen, so stellen wir uns vor, den Trichter sowohl im vorderen als auch im hinteren Bereich in die richtige Länge zu ziehen. Das Ergebnis halten wir in Gedanken für einen kurzen Moment fest und überprüfen es anschließend, indem wir erneut den jeweiligen Abstand ertasten bzw. erspüren. Nur wenn das Chakra eine ausreichende Länge aufweist, ist es fähig, Energie aufzunehmen und in den Körper zu leiten.

Das gleiche Verfahren funktioniert auch für alle anderen Chakren, vom Scheitelchakra bis zum Wurzelchakra, stets verfahren wir in derselben Art und Weise.

(Beim Wurzelchakra gibt es allerdings eine kleine Besonderheit, die man beachten sollte: Sobald du beginnst, mit ihm zu arbeiten, das normalerweise nach unten geöffnet ist, verändert sich seine Position, und es zeigt sich, wie bei den anderen Chakren, eine Öffnung nach vorn und hinten. Es ist komplizierter zu beschreiben, als es in Wirklichkeit ist. Wenn

du es praktisch erprobst, wird sich alles von selbst erklären.)

In meinen Seminaren mache ich häufig die Erfahrung, dass die Teilnehmer glauben, sie müssten die Chakren fühlen, als bauten diese sich als eine Art Luftmauer vor ihnen auf, die man greifen kann. Aber wirklich fühlen kann ich ein Chakra nur, wenn ich den Widerstand geistig wahrnehme. Das ist die Kunst, sich von seiner Intuition führen zu lassen.

Wenn du dir mit dem Erfühlen der Chakren sehr sicher bist, solltest du beginnen, einfache Reinigungsübungen wie die folgende immer wieder einmal auszuführen. Dein ganzes Energiesystem wird es dir danken, glaube mir!

Übung 10: Chakren in Licht baden

Stelle dich aufrecht hin, am besten barfuß, atme ruhig, und zentriere dich. Fühle dich in deine Verbindung zu Himmel und Erde ein. Spüre, wie du zwischen diesen beiden großen

Kräften stehst. Stelle dir dann vor, wie ein goldenes, warmes Licht aus der Tiefe der Erde aufsteigt und dein unterstes Erdungschakra mit seinem Strahlen erfüllt. Visualisiere dann, wie das Licht immer höher steigt, von Chakra zu Chakra, und wie jedes Energiezentrum deines Körpers von warmem, goldenem Licht erhellt wird. Gehe bis zum Scheitelchakra und darüber hinaus in die weiteren sieben, geistigen Chakren. Lasse dich ganz vom Licht durchfluten, und spüre, wie du immer stärker von innen leuchtest.

Dann stelle dir vor, wie ein weiteres Licht von oben kommt und auf dein höchstes geistiges Chakra trifft. Spüre, wie es jetzt noch heller leuchtet, da sich die Kraft des Himmels mit der Kraft der Erde verbindet. Lasse dieses Licht immer weiter in dich herabsinken, durch jedes Chakra hindurch bis zum Wurzelchakra und noch weiter in die sieben Erdungschakren. Lasse dich auch von diesem zweiten Licht gänzlich durchfluten, und spüre, wie sich beide Kräfte ganz natürlich in dir vermischen. Bade so lange in diesem Licht, wie es sich für dich gut anfühlt. Atme dann dreimal tief durch, öffne langsam deine Augen, und beende die Übung.

Du siehst, dass die theoretischen Beschreibungen die Zusammenhänge von Aura und Chakren oft viel komplizierter erscheinen lassen, als die praktische Arbeit mit ihnen ist. Wenn du dich von deinem Herzen und deiner Intuition leiten lässt, kannst du wirklich nichts falsch machen. Jede Übung, die dir zur Klärung verhilft und die Licht in dein System bringt, ist heilsam und hilfreich für dich! Jedes Mal, wenn du übst und dich wirklich mit dir selbst verbindest, stellst du dich noch mehr auf Harmonie ein. Jedes Mal wirst du fähiger, die allumfassende Liebe, die diese Welt durchdringt, in dir wirken zu lassen, dich auf sie einzustellen, sie zu integrieren, sie zu SEIN …

Für die nächste Übung benötigst du wieder einen Partner. Es ist eine äußerst kraftvolle Übung, die dein ganzes Chakrensystem reinigt und stärkt. Sie benötigt etwas Zeit, aber dieser Zeitaufwand lohnt sich sehr!

Übung 11: Harmonische Bilder und Gedanken speichern

Setze dich deinem Übungspartner in etwa 1 Meter Abstand gegenüber. Legt für diese Übung bitte allen Schmuck und auch Uhren ab. (Dass während der Übung keine Mobiltelefone eingeschaltet sein sollten, muss ich wohl nicht erwähnen?)

Einer von euch übernimmt nun die Rolle des »Lesers«, der andere ist der Klient. Stimmt euch beide mit der Übung 1 aus diesem Buch ein: Atmet ruhig, zentriert euch, und kommt ganz bei euch an. Dann beginnt der Leser, die Chakren des Klienten zu betrachten und sich ganz auf die Energie einzulassen, die er dort sieht. Am besten ist es, wenn die »Lesung« beim untersten Erdungschakra begonnen und sich von dort nach oben vorgearbeitet wird.

Der Leser stellt sich ganz auf die Chakren des Klienten ein und beschreibt, was er dort sieht. Dies können Farben sein, aber ebenso Gefühle, die auf geheimnisvolle Weise auftauchen. Manchmal sind es auch Bilder oder gar ganze Geschichten, manches Mal bestimmte

Tiere, die sich zeigen. Der Leser sollte hier ganz von etwaigen Kontrollversuchen seinerseits absehen: Was sich zeigen will, das zeigt sich!

In ruhigen Worten beschreibt der Leser dem Klienten dann das Gesehene, so gut er kann. Man kann hier wirklich Vertrauen haben, dass man die richtigen Worte findet, die beim Klienten ankommen.

Nach jedem beschriebenen Bild fragt der Leser: »Gefällt dir dieses Bild?«

Wenn der Klient bejaht, wird das Bild auf dreifache Weise vom Klienten abgespeichert:

1. *Das Bild inklusive des Kommentars des Lesers wird tief eingeatmet und kraft der Gedanken gespeichert.*
2. *Das Gefühl, das beim Klienten selbst aufkommt, wird tief eingeatmet und kraft der Gedanken gespeichert.*
3. *Die ganze Situation, d. h. Bild, Kommentar und Gefühl, wird als gemeinsames Ganzes tief eingeatmet und gespeichert.*

Auf diese Weise nähert sich der Leser jedem Chakra des Klienten an, fühlt sich ein, beschreibt das Gesehene und fragt, ob das Bild gefällt. Der Klient bejaht und speichert das Bild dann auf dreifache Weise ab, bevor der Leser zum nächsten Chakra übergeht.

Sollte der Leser ein Bild beschreiben, das dem Klienten aus irgendeinem Grund nicht behagt, so wird dieses Bild in Gedanken zusammengerollt und in die Erde gesteckt. Das ist immer der richtige Ort, um negative Energien verwandeln zu lassen. Dann sieht der Leser erneut in das betreffende Chakra und beschreibt, was er jetzt sieht. Dadurch, dass Klient und Leser das vorherige Bild Mutter Erde zur Transformation überlassen haben, wird in nahezu allen Fällen nun ein anderes Bild gesehen. (Ich habe es ehrlich gesagt noch nie erlebt, dass das gleiche Bild zum zweiten Mal auftauchte.)

Nach den sieben Erdungschakren beschäftigt man sich mit den sieben Hauptchakren (vom Wurzelchakra bis zum Scheitelchakra) und geht dann weiter in die sieben geistigen Chakren.

Wenn überall ein harmonisches Bild abgespeichert wurde, breitet sich im Klienten ein wohliges Gesamtgefühl aus.

Nach einer Pause werden dann die Rollen getauscht.

Wenn du dich schon länger mit dem seelenschamanischen Weg beschäftigst, hast du bestimmt schon viel Arbeit mit den Chakren geleistet, dich in sie eingefühlt, sie immer wieder gereinigt und in Drehung versetzt, wenn sie einmal blockiert waren. Die oben geschilderte Übung setzt noch einmal auf einer ganz anderen Ebene an, die ganzheitlicher orientiert ist.

Das harmonische Bild, das du jeweils abspeicherst, bringt das entsprechende Chakra in eine harmonische Schwingung. Wenn jedes einzelne Chakra harmonisch schwingt, schwingen die Chakren auch insgesamt harmonisch. Diese Harmonie ist sehr leicht – alles, was mit den Chakren zu tun hat, läuft dann reibungslos. Es ist, als ob die Chakren von einem Engelsflügel angestoßen worden wären, der sie in Bewegung versetzt und dich so mit genügend feinstofflicher Energie versorgt. Vielleicht kannst du dieses Bild als Gesamtbild abspeichern, wenn du die obige Übung beendest: ein Engel, der sanft deine Chakren berührt, sie in absolute Harmonie versetzt und die geistige Energie in dir wirken lässt.

Ich erinnere mich an Horst*, einen sehr unausgeglichenen Mann in den besten Jahren, den seine Ehefrau mit zu einem Seminar brachte und der danach ein paar Einzelsitzungen bei mir buchte. Seine Frau hatte ihn mitgebracht, weil sie sich wirklich Sorgen um ihn gemacht hatte. Er wurde schnell aufgebracht, regte sich über jede Kleinigkeit auf. Der Straßenverkehr war ein wahres Schlachtfeld für ihn, beim Einkauf ärgerte er sich über steigende Preise, und die Nachbarn waren ihm allesamt ein Dorn im Auge.

Egal, was ihm begegnete – er fällte auf der Stelle ein Urteil, das natürlich als unumstößlich galt. Da er sich ständig aufregte, war sein Blutdruck mittlerweile in besorgniserregende Höhen geklettert und sein Herz entsprechend belastet.

Ich spürte gleich, dass bei ihm so ziemlich alles aus dem Gleichgewicht geraten war, und konzentrierte mich deshalb zuerst auf seine Chakren.

Nachdem ich in einer Sitzung seine Chakren gereinigt und »angedreht« hatte, setzte ich mich ihm

---

* Name geändert.

bei unserer zweiten Sitzung gegenüber und las seine Chakren, so, wie du es in der obigen Übung kennengelernt hast.

Ich beschrieb ihm die Bilder, die ich sah, berichtete ihm von harmonischen Farben, sanftem Glühen und von einigen Naturbildern, die ich wahrnahm und die ihm sehr viel zu geben schienen. Offenbar war er früher sehr oft wandern gewesen, hatte jedoch in den letzten Jahren dafür keine Zeit mehr gefunden.

Jedes der Bilder speicherte er sorgsam in sich ab, und schon in dieser Sitzung wurde er merklich ruhiger. Sein ständiges Urteilen war die Folge großer Erwartungen. Das Leben sollte anders sein, als es sich zeigte. Es sollte seinen Vorstellungen entsprechen.

Nachdem ich durch die Chakrenarbeit bei ihm eine gewisse innere Ausgeglichenheit hergestellt hatte, gab ich ihm deshalb vier Merksätze mit auf den Weg, die er sich immer wieder einmal vor Augen führen sollte:

- Nichts erwarten
- Nicht werten
- Nicht urteilen
- Nicht verurteilen

Hält man sich an diese Punkte, wird das Leben um einiges einfacher. Und so war es auch für Horst. Die Schwingung, in der seine Chakren sich nun befanden, die dadurch auch entsprechend harmonische Energie in sein System brachten, veränderte ihn nach und nach. Sein Alltag wurde harmonischer, er konnte »den lieben Gott einen guten Mann sein lassen«, wie man so sagt, und begegnete seinem Alltag gelassener. Nach ein paar Monaten begann er wieder, sich Zeit für seine geliebten Wanderausflüge zu nehmen – und das tat auch seinem Blutdruck gut.

Harmonie ist das, wonach wir von Natur aus streben. Und ich denke, dass wir die Werkzeuge des Seelenschamanismus nutzen sollten, um diese Harmonie in unser Leben zu bringen und zu erleben.

Schlusswort

Die intensive Arbeit an dir selbst kann dir ein völlig neues Bewusstsein für dein eigenes Innenleben vermitteln. Du lernst dich besser kennen, kannst Blockaden auflösen, deine Wahrnehmung erweitern, lernst, in deinem Leben zwischen Wichtigem und eher Überflüssigem zu unterscheiden, kannst Ballast abwerfen und wahrlich aufatmen.

Die Informationen und Übungen in diesem Buch waren ein weiterer Schritt auf einer niemals endenden Reise der Selbsterfahrung. Je mehr du übst, desto feiner werden deine Sinne – das hast du sicherlich schon festgestellt. Den meisten Menschen fällt es mit mehr Erfahrung in diesem Bereich zunehmend leichter, die geistigen Kräfte zu entdecken, die in ihrem Alltag wirken.

Wenn du dich durch Reinigung deiner Aura, die Kreisarbeit, die Energieaufstellung und das Lesen der Chakren immer mehr in eine harmonische Schwingung bringst, wird das einen sehr positiven Einfluss auf dein gesamtes Leben haben. Ich will keine Wunder versprechen, aber was ich guten Gewissens sagen kann, ist, dass du zufriedener werden wirst. Und Zufriedenheit ist meiner Meinung nach die beste Gesundheitsvorsorge, die man sich nur wünschen kann!

Ein zufriedener Mensch ist darüber hinaus jemand, der auch eine harmonische Schwingung ausstrahlt und in die Welt bringt. Er verbreitet somit im wahrsten Sinne des Wortes positive Energie, berührt andere Menschen damit und bringt sie im besten Fall dazu, ihrerseits wieder positive Dinge weiterzugeben. Genau so verbreitet sich Harmonie – und mir scheint in unserer Zeit kaum etwas wichtiger als die Verbreitung positiver Schwingungen. Negativität gibt es in der Welt schon genug. Warum sich daran beteiligen, wenn man auch anders leben kann und dabei noch glücklicher und gesünder ist?

Ich möchte dir danken, dass du diesen Weg mit mir gegangen bist und auf die eine oder andere Weise noch weiterhin gehst. Ich würde mich freuen, dich irgendwann einmal persönlich kennenzulernen und deine Geschichte zu hören.

Ich wünsche dir alles Gute und den Beistand der Geistigen Welt! Mögest du deine inneren Blockaden beiseiteräumen und immer mehr in die Harmonie kommen!

Reinhard Stengel

Über den Autor

Reinhard Stengel, der »Rainbowman«, war lange im Management tätig. 1986 hatte er erste Kontakte mit dem Schamanismus, er entschied sich aber erst 2004, seinen Beruf aufzugeben und als Heiler und Schamane zu wirken. Heute ist er erfolgreicher Vortragsredner und Trainer, der deutschlandweit die Säle füllt. Seine Erfolge in der Behandlung psychischer und physischer Störungen sprechen für ihn.

Weitere Informationen findest du unter:

www.rainbow-rs.de

Die Reihe »Seelenschamanische Energiearbeit«

Die Aura sehen, verstehen und heilen
96 Seiten
ISBN: 978-3-8434-5072-0

Chakren fühlen, ausgleichen und anregen
96 Seiten
ISBN: 978-3-8434-5063-8

Das innere Kind, die innere Frau, den inneren Mann erwecken und harmonisieren
96 Seiten
ISBN: 978-3-8434-5090-4

Flüche, Besetzungen, Implantate lösen
96 Seiten
ISBN: 978-3-8434-5064-5

Die Schwangerschaft aufarbeiten
Auflösung der frühesten Prägungen
96 Seiten
ISBN: 978-3-8434-5091-1

Zwischen den Welten
Schamanische Reisen als Weg zu uns selbst
96 Seiten
ISBN: 978-3-8434-5096-6

Seelengespräch mit dem Körper
Die Botschaften des Körpers entschlüsseln
96 Seiten
ISBN: 978-3-8434-5095-9

Außerdem von Reinhard Stengel erschienen

Rainbowman
Seelenschamanische Energiearbeit
208 Seiten
ISBN: 978-3-8434-1042-7

Das Grundlagenbuch! Lernen Sie die von Reinhard Stengel entwickelte »Seelenschamanische Energiearbeit« kennen. Der beliebte Schamane kann mittlerweile auf die erfolgreiche Behandlung von Hunderten von Patienten zurückblicken. Sein einzigartiges Vorgehen ist, verschiedene Traditionen miteinander zu kombinieren und aus jeder das herauszugreifen, was seinen Erfahrungen entspricht und sich in der Praxis bewährt hat.

Was Finger verraten
Seelenschamanische Deutung
von Krankheiten und Blockaden
160 Seiten
ISBN: 978-3-8434-1115-8

Manchmal sind wir schnell müde, scheitern immer wieder im Beruf oder werden schwer krank – ohne ersichtlichen Grund. Die Ursache ist dann oft eine mentale Blockade. Beim Erkennen und Auflösen dieser Störungen ist unser Körper unser Verbündeter. Die Form unserer Hände zeigt uns, wo sie sitzen und wo sie herrühren. Dank einfacher Erklärungen und anschaulicher Grafiken können Sie sie lösen – und Ihr eigentliches Selbst frei entfalten!

Meditations-CDs von Reinhard Stengel

Federn, Fell und Krallen
Eine Begegnung mit deinem persönlichen Krafttier
ca. 42 Min.
ISBN: 978-3-8434-8277-6

Ganz werden – heil werden
Verlorene Seelenanteile aus der
Unteren Welt zurückholen
ca. 41 Min.
ISBN: 978-3-8434-8278-3

Der Weg ins Licht
Verlorene Seelen nach Hause führen
ca. 41 Min.
ISBN: 978-3-8434-8279-0

Von guten Mächten begleitet
Eine Reise zu deinem geistigen Lehrer
in der Oberen Welt
ca. 40 Min.
ISBN: 978-3-8434-8280-6

Bis nur noch Liebe bleibt
Vergeben – Abhängigkeiten loslassen
ca. 32 Min.
ISBN: 978-3-8434-8281-3

Seelengespräch mit dem Herzen
Das emotionale und körperliche Zentrum
heilsam berühren
ca. 40 Min.
ISBN: 978-3-8434-8285-1

Reise zum inneren Kind, zur inneren Frau,
zum inneren Mann
3 CDs, ca. 119 Min.
ISBN: 978-3-8434-8286-8

Von Grund auf neu …
Die frühesten
Erfahrungen aufarbeiten
3 CDs, ca. 137 Min.
ISBN: 978-3-8434-8307-0

Eins mit uns selbst
Aufarbeitung der Schwangerschaftsmonate
ca. 61 Min.
ISBN: 978-3-8434-8308-7

Das erste Hörbuch von Reinhard Stengel!

Seelengespräch mit dem Körper
Hörbuch
2 CDs, ca. 136 Min.
ISBN 978-3-8434-8320-9